Konzentrationsübungen mit Formen und Farben

– Übungen mit Selbstkontrolle –

Michael Junga

Impressum

Titel: LEVISO – Konzentrationsübungen mit Formen und Farben – Übungen mit Selbstkontrolle
Autor: Michael Junga
Umschlagmotive: © Alexandra – stock.adobe.com
Illustrationen: Zebra: © Alexandra – stock.adobe.com
Druck: Leo Paper Products Limited, CN

Verlag an der Ruhr
Mülheim an der Ruhr
www.verlagruhr.de

Geeignet für Kinder von 5–7 Jahren

© Verlag an der Ruhr 2023
ISBN 978-38346-6199-9

 **Verlag an der Ruhr**

Spielanleitung

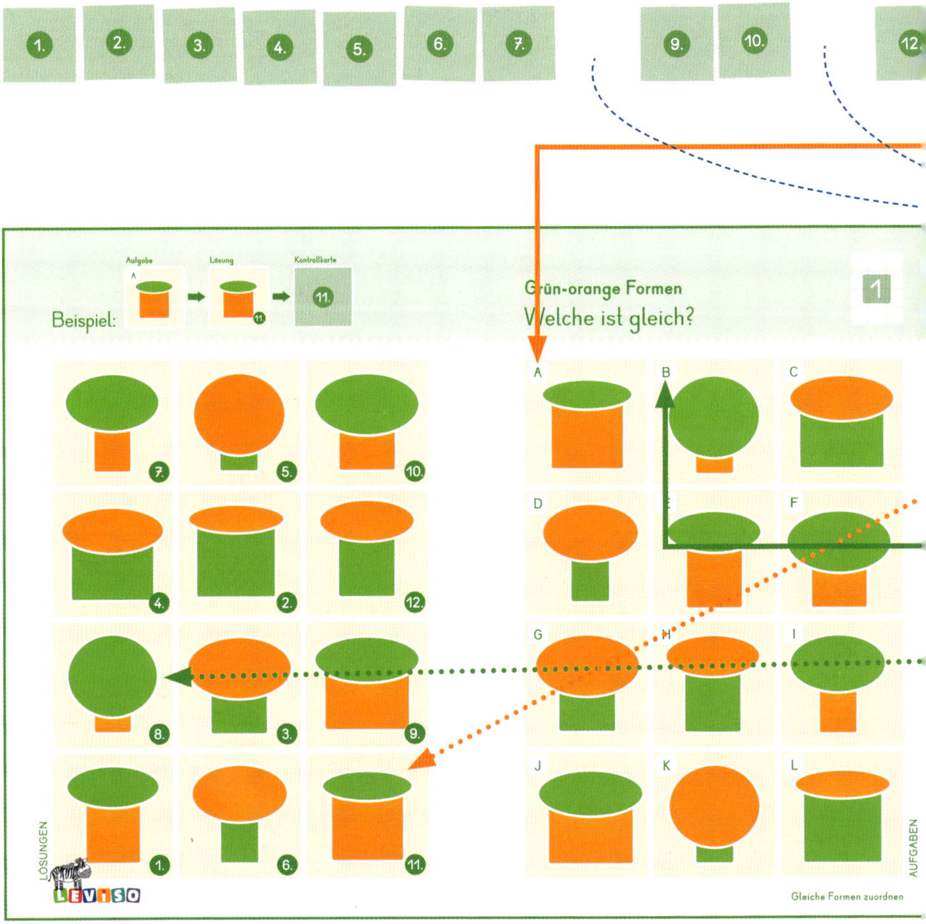

Beispiel:

Aufgabe → Lösung → Kontrollkarte

A → 11. → 11.

Grün-orange Formen
Welche ist gleich?

1

7. 5. 10.

A B C

4. 2. 12.

D E F

8. 3. 9.

G H I

1. 6. 11.

J K L

LÖSUNGEN

AUFGABEN

Gleiche Formen zuordnen

Link zum Anleitungsvideo:
Um das Video in unserem Shop anzusehen, bitte den QR-Code einscannen und auf der Produktseite nach unten scrollen.

1. Lege deine Kontrollkarten über deine Aufgabenseite.

2. Schaue dir Aufgabe A an. Was ist gleich?

3. Suche links die Lösung. Unter der Lösung findest du die Nummer deiner Kontrollkarte.

4. Lege deine passende Kontrollkarte 11 rechts neben das Heft.

5. Schaue dir Aufgabe B an. Was ist gleich?

6. Suche links die Lösung. Unter der Lösung findest du die Nummer deiner Kontrollkarte.

7. Lege die passende Kontrollkarte 8 rechts neben die Kontrollkarte von Aufgabe A.

8. Passen die Muster von deinen Kontrollkarten genau zusammen? Dann machst du weiter, bis du alle 12 Aufgaben von A bis L bearbeitet hast.

Wenn die Muster genau zusammenpassen, hast du alles richtig gemacht.

Beispielabbildung

Konzentrationsübungen mit Formen und Farben

Beispiel:

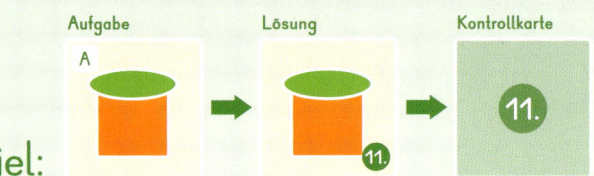

A

11.

7.

5.

10.

4.

2.

12.

8.

3.

9.

LÖSUNGEN

1.

6.

11.

LEViSO

A

B

C

D

E

F

G

H

I

J

K

L

AUFGABEN

Gleiche Formen zuordnen

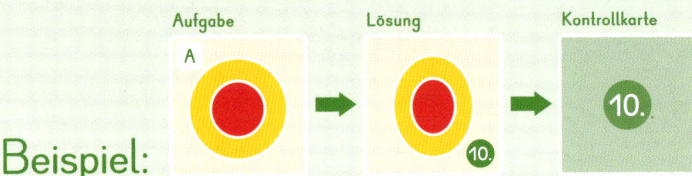

Beispiel:

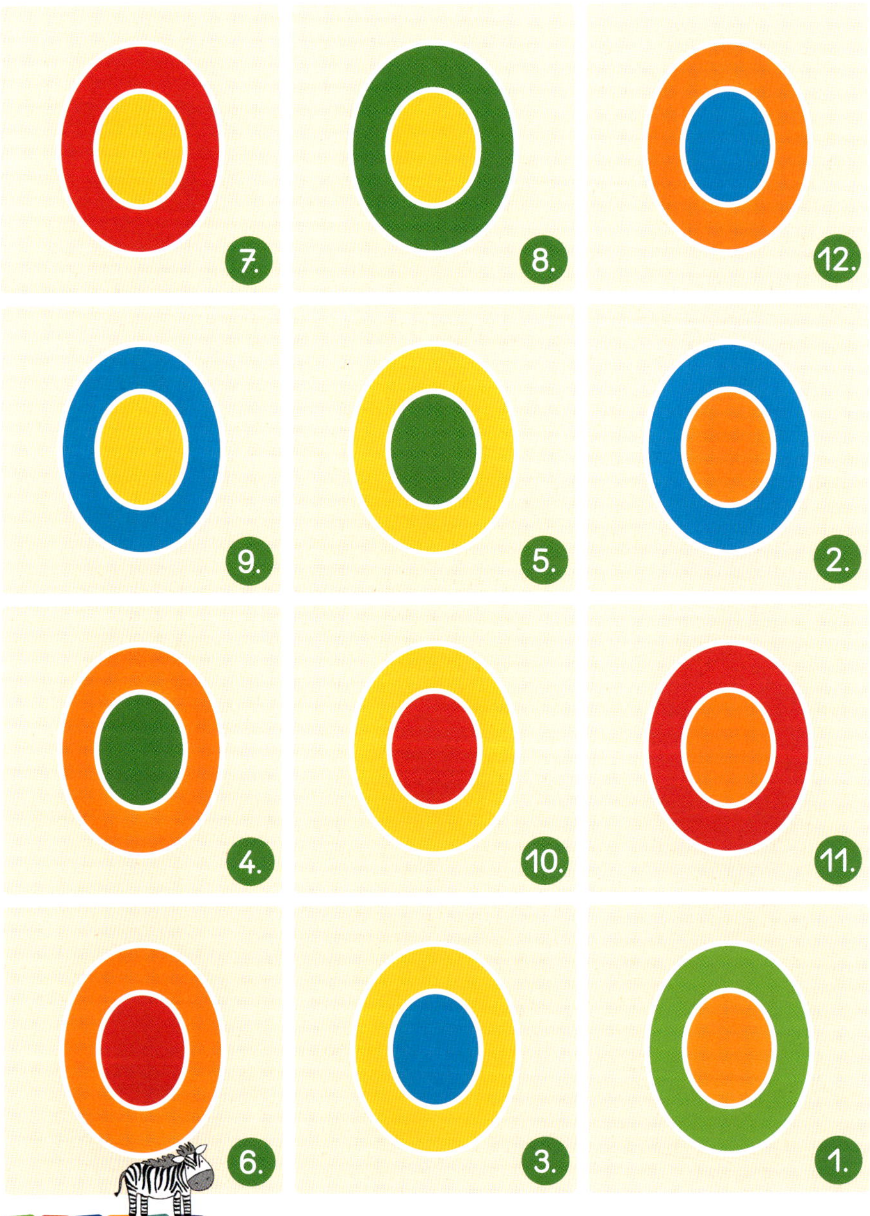

7.

8.

12.

9.

5.

2.

4.

10.

11.

6.

3.

1.

LÖSUNGEN

LEViSO

Gequetschte Kreise
Was gehört zusammen?

A

B

C

D

E

F

G

H

I

J

K

L

AUFGABEN

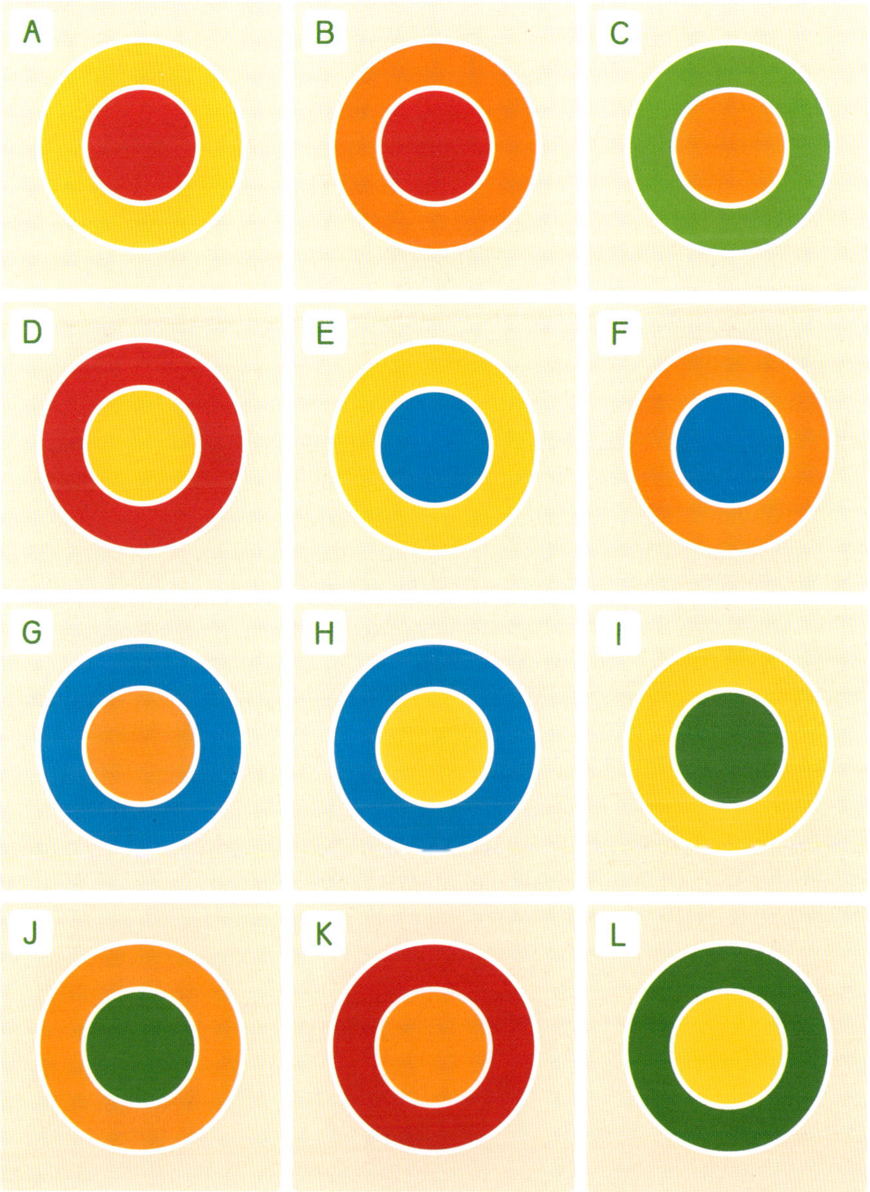

Gequetschte Kreise mit gleichen Farben zuordnen

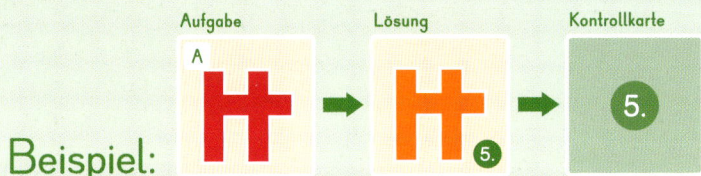
3.

8.

1.

11.

5.

10.

2.

6.

7.

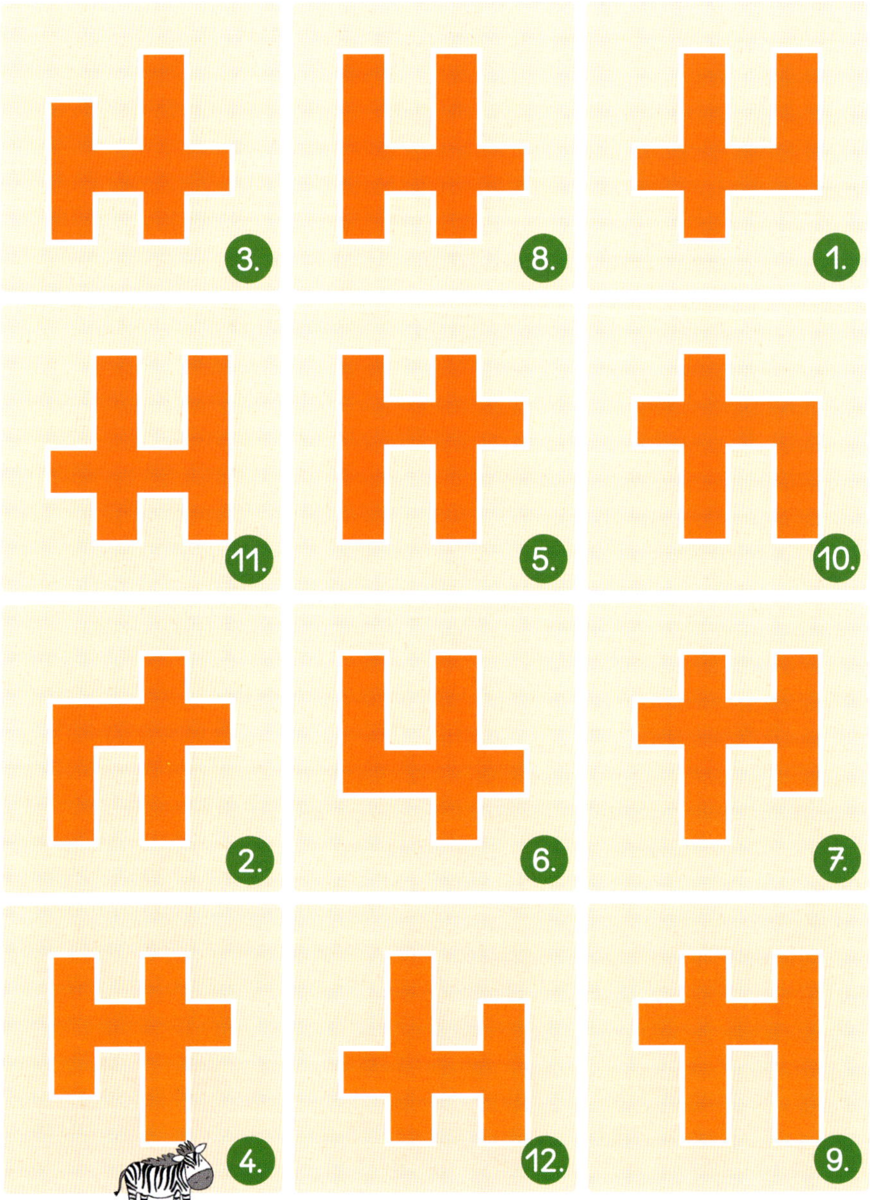

LÖSUNGEN

4.

12.

9.

LEViSO

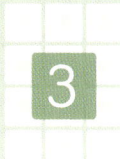

3

Gleiche Formen – andere Farbe

Was gehört zusammen?

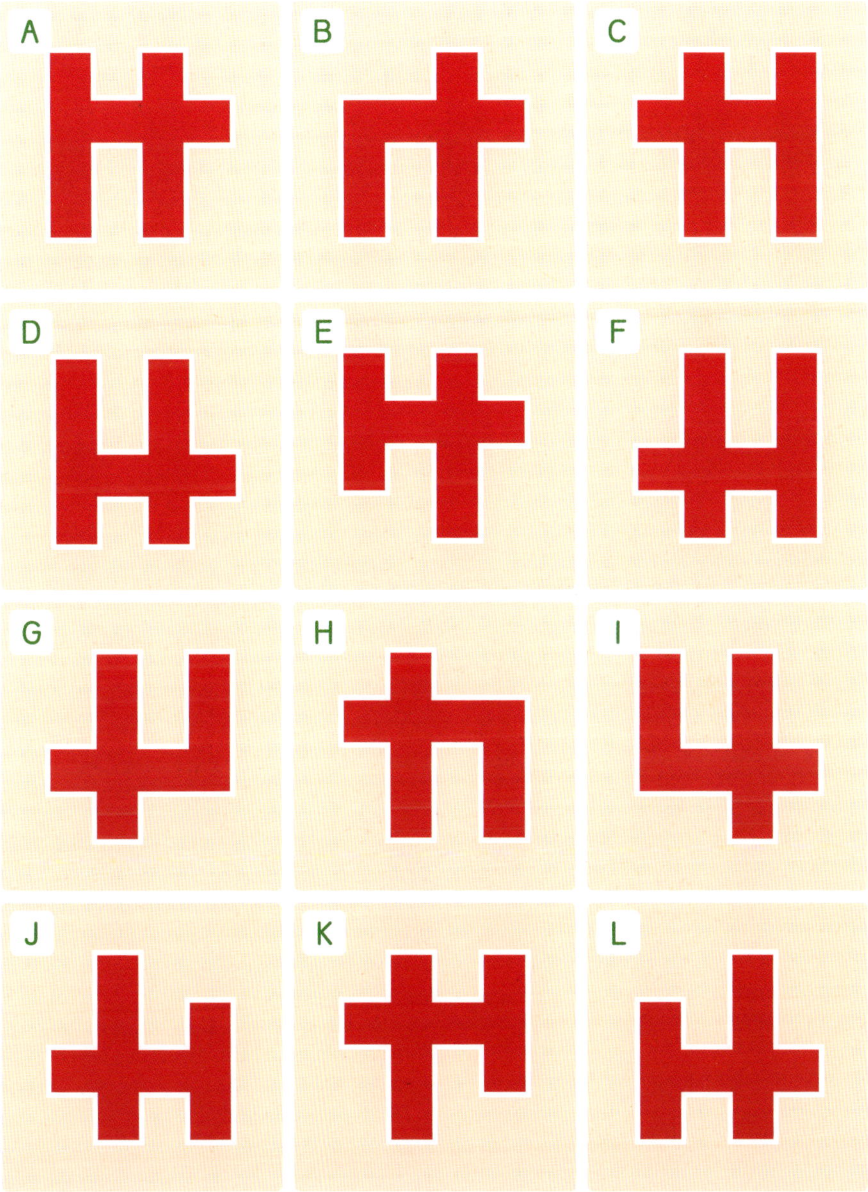

A
B
C
D
E
F
G
H
I
J
K
L

AUFGABEN

Gleiche Formen in Orange zuordnen

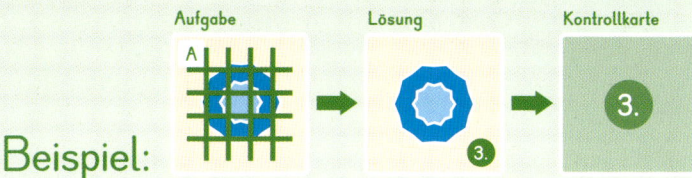

2.

5.

9.

1.

6.

10.

12.

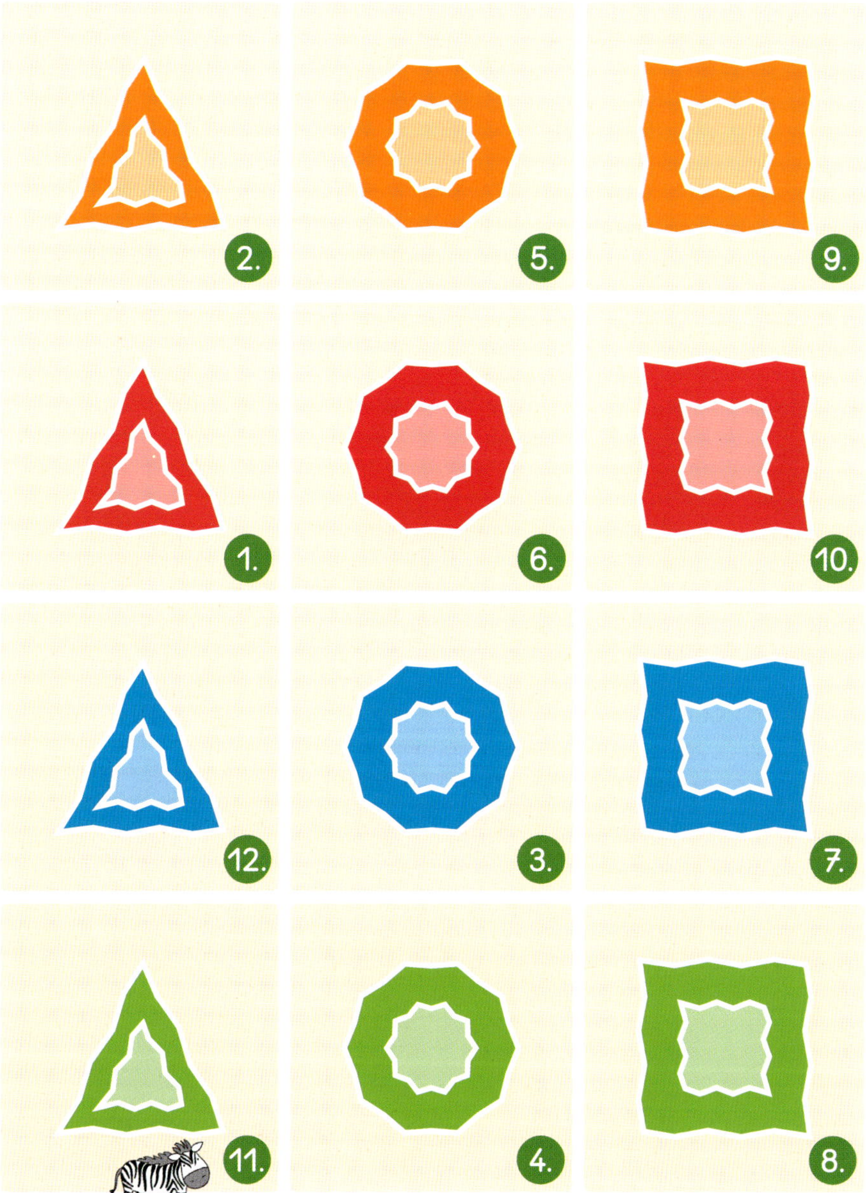

3.

7.

11.

4.

8.

LEViSO

A

B

C

D

E

F

G

H

I

J

K

L

AUFGABEN

Verborgene Formen in gleichen Farben zuordnen

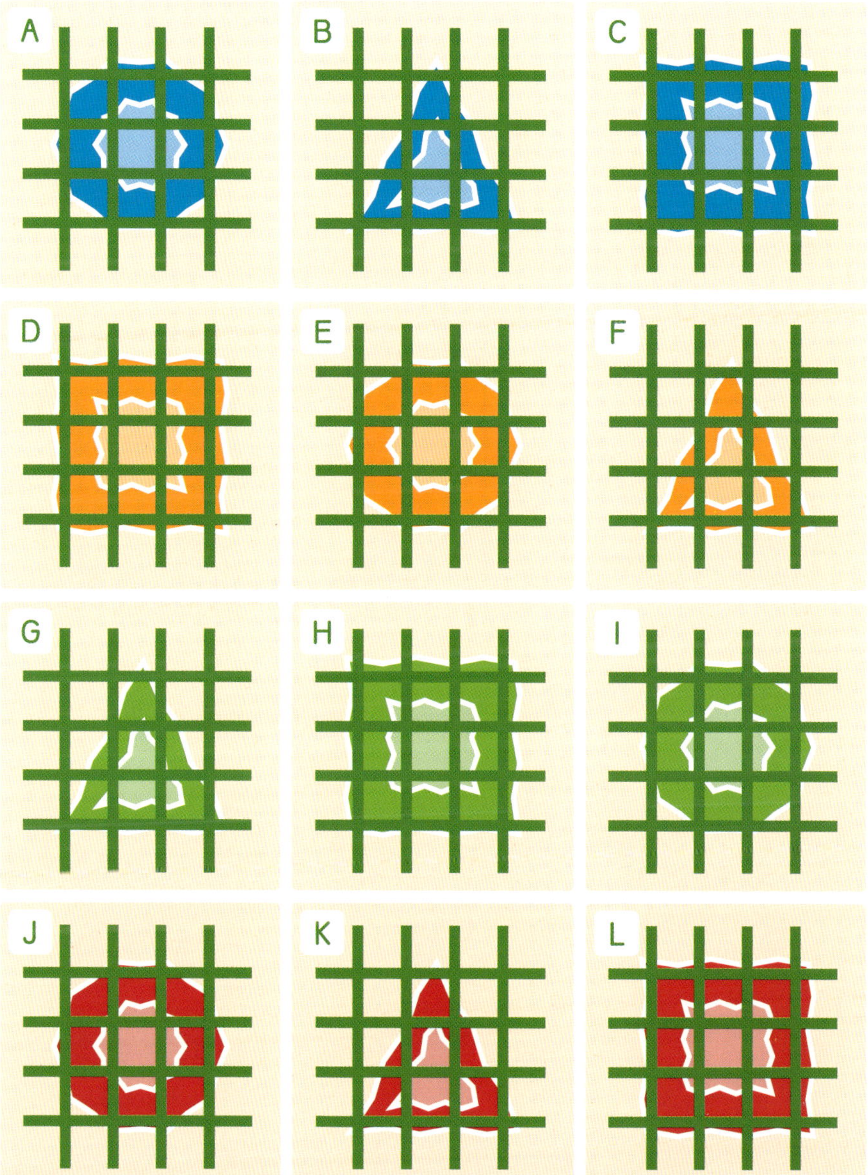

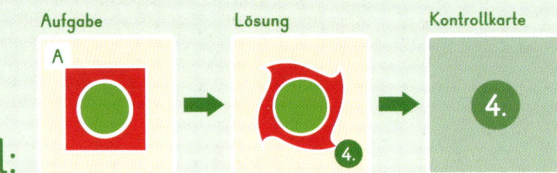

5.

8.

3.

1.

4.

9.

10.

2.

11.

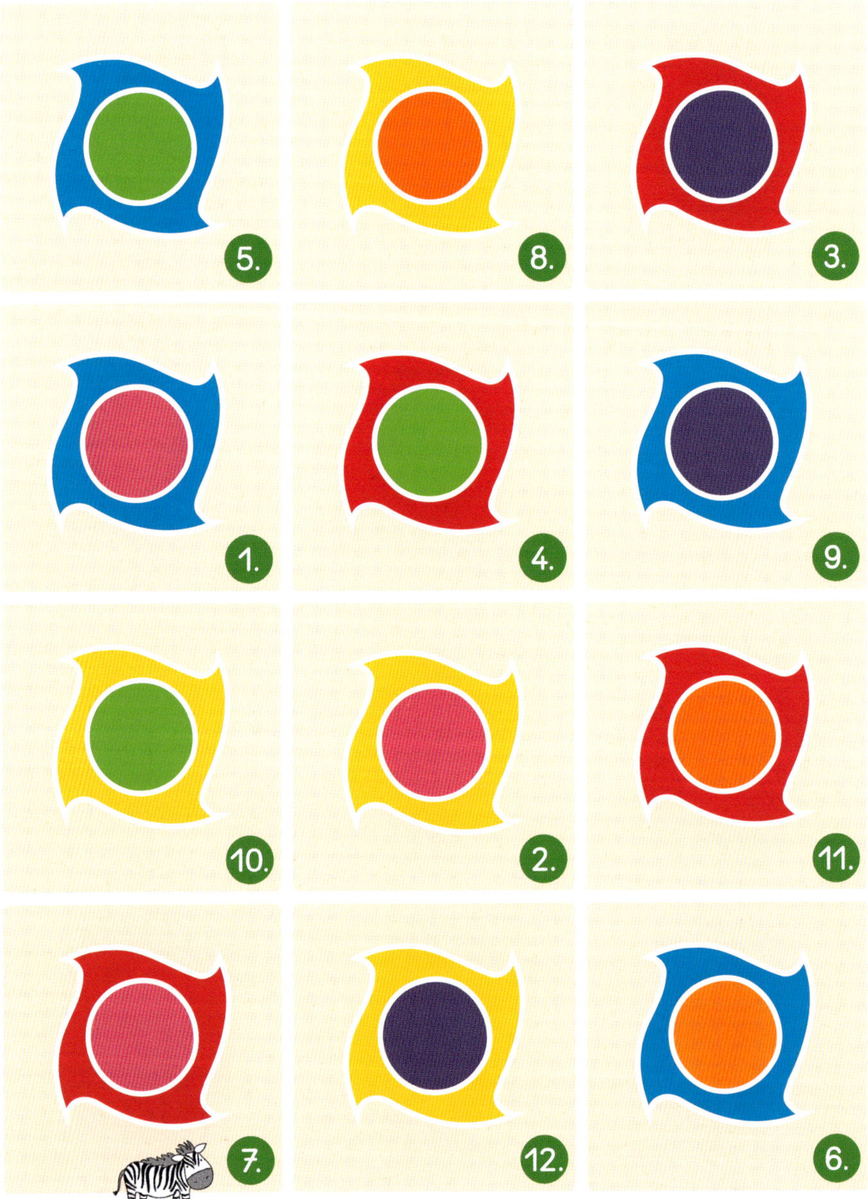

7.

12.

6.

LEViSO

Ähnliche Formen
Was gehört zusammen?

5

A

B

C

D

E

F

G

H

I

J

K

L

AUFGABEN

Ähnliche Formen in gleichen Farben zuordnen

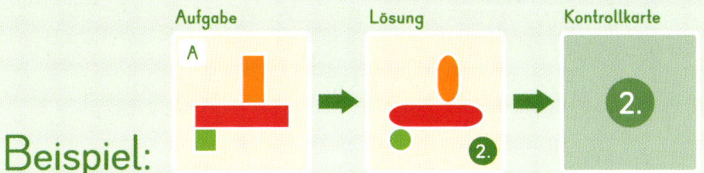
10.

3.

11.

1.

5.

6.

4.

7.

12.

2.

8.

9.

LEViSO

Was gehört zusammen?

A

B

C

D

E

F

G

H

I

J

K

L

Gleiche Anordnungen in runden Formen zuordnen

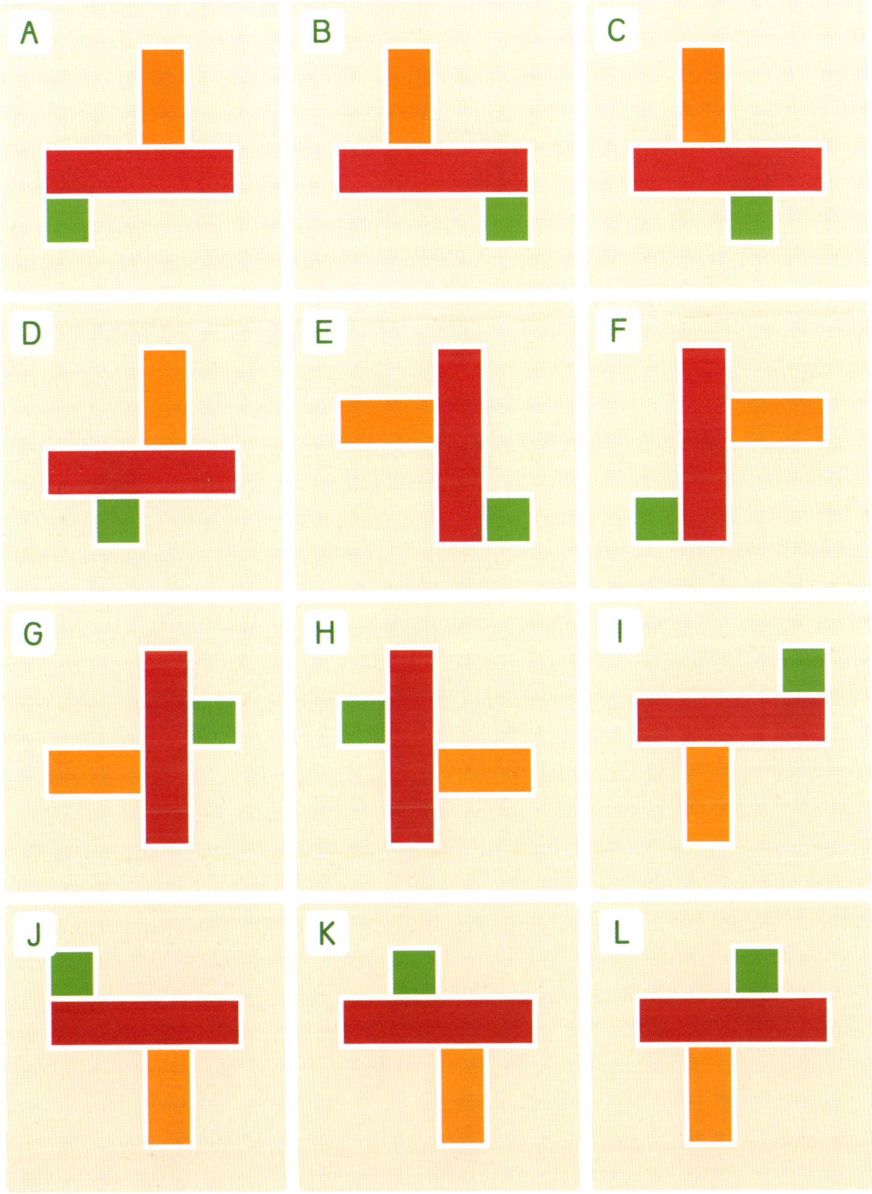

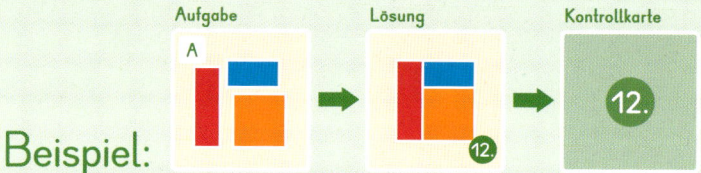

4.

1.

8.

5.

2.

7.

12.

6.

9.

10.

3.

11.

LEViSO

Bunte Puzzles
Was gehört zusammen?

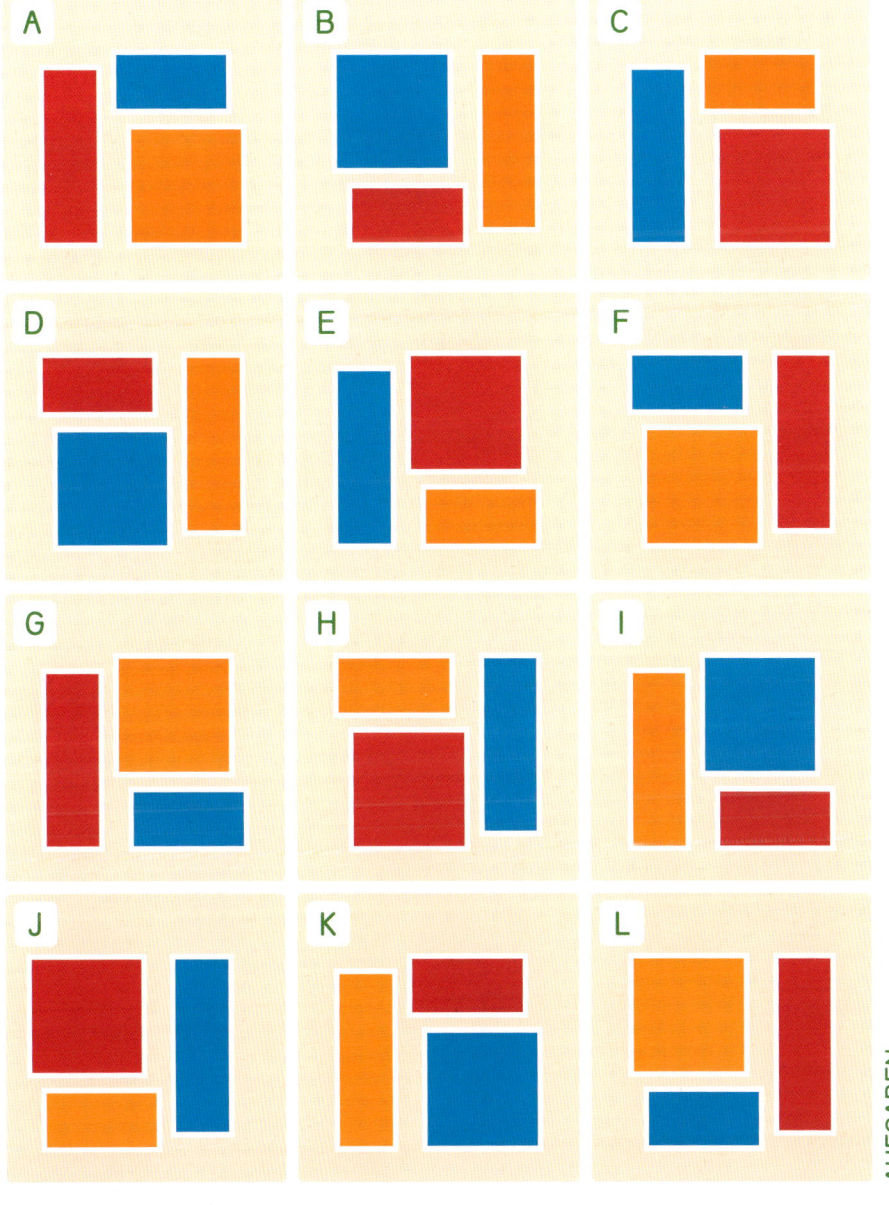

A B C D E F G H I J K L

Zusammengesetzte Farb- und Formenpuzzles zuordnen

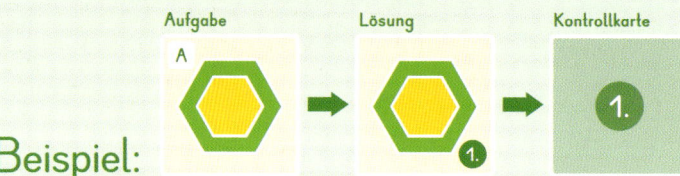
11.

8.

2.

4.

9.

5.

3.

12.

10.

7.

6.

1.

LÖSUNGEN

LEViSO

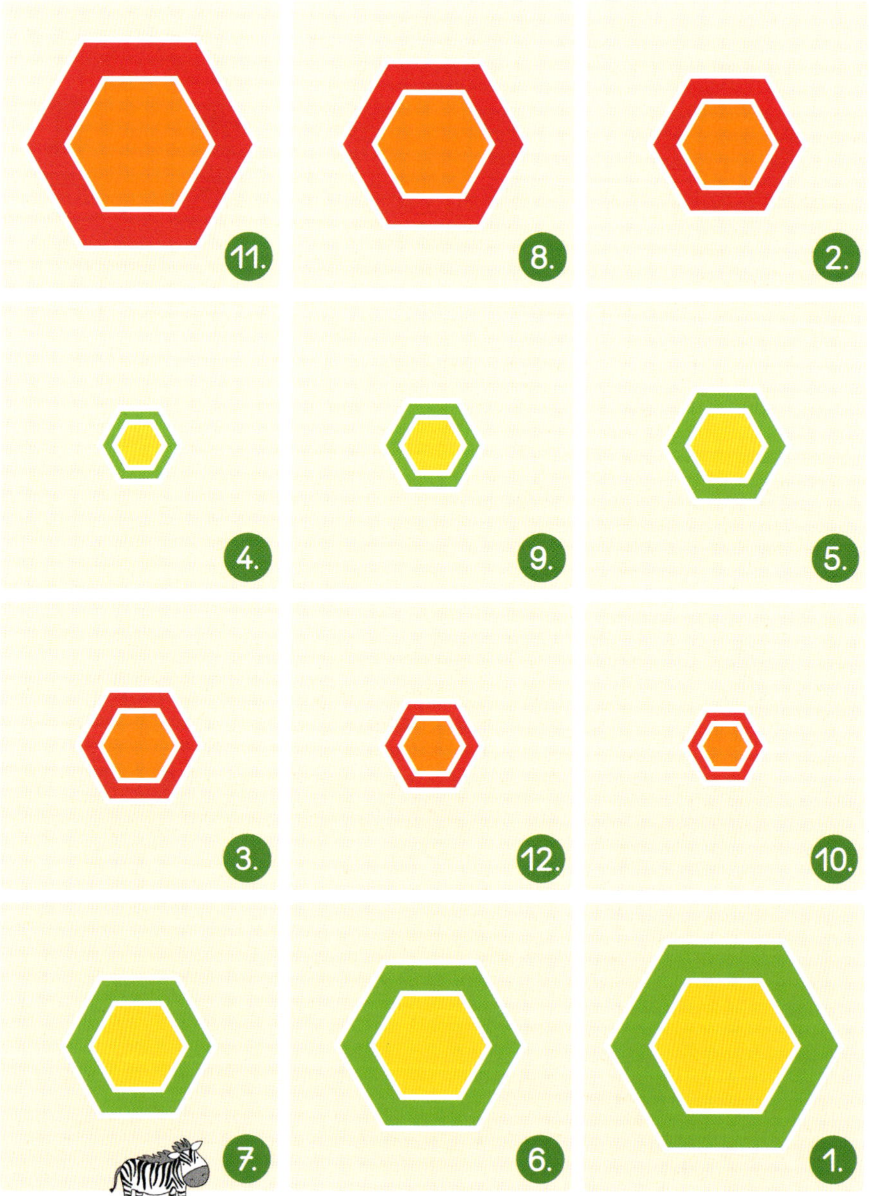

A

B

C

D

E

F

G

H

I

J

K

L

AUFGABEN

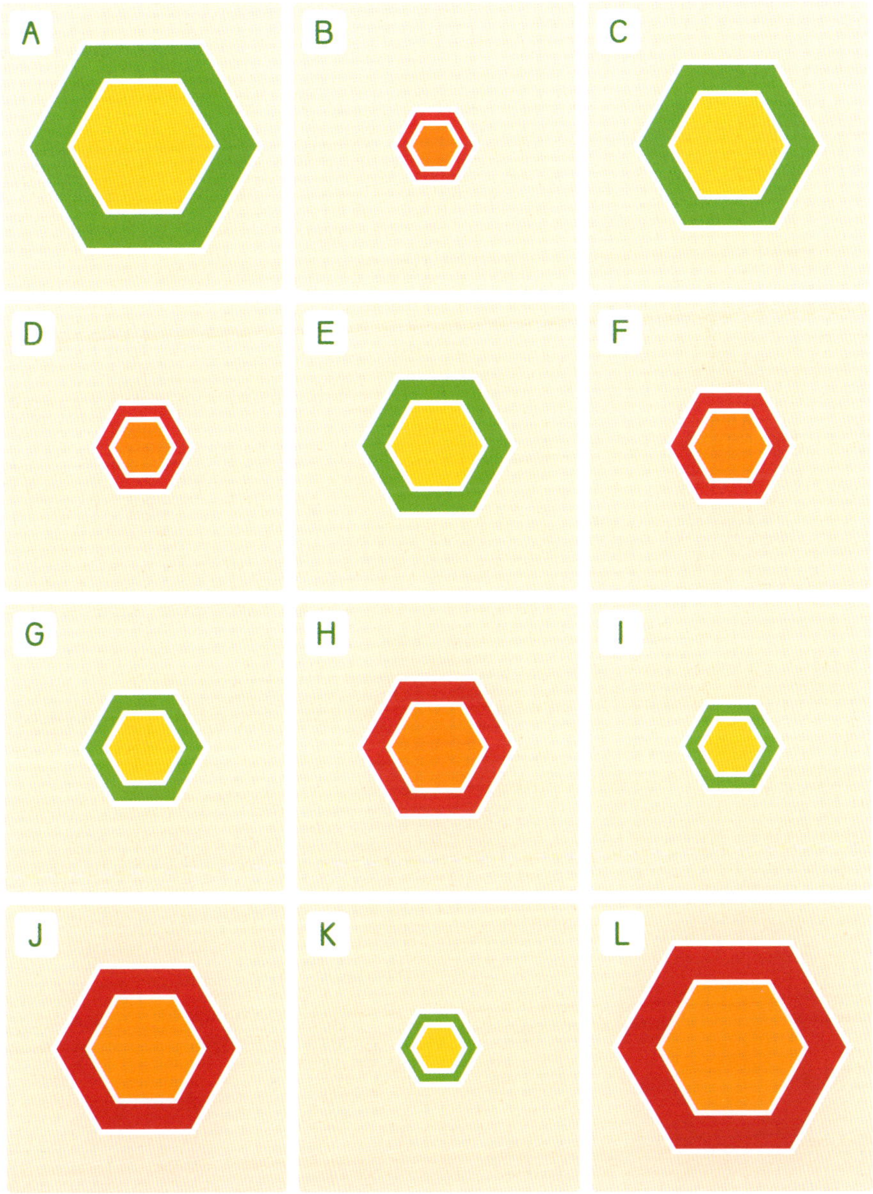

Sechsecke in gleichen Farben und gleicher Größe zuordnen

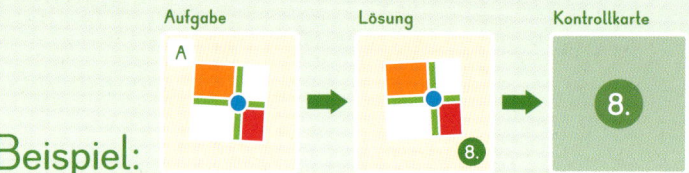

Beispiel:

10.

2.

7.

11.

8.

4.

5.

12.

1.

3.

9.

6.

LEViSO

A

B

C

D

E

F

G

H

I

J

K

L

AUFGABEN

Gedrehte Quadrate zuordnen

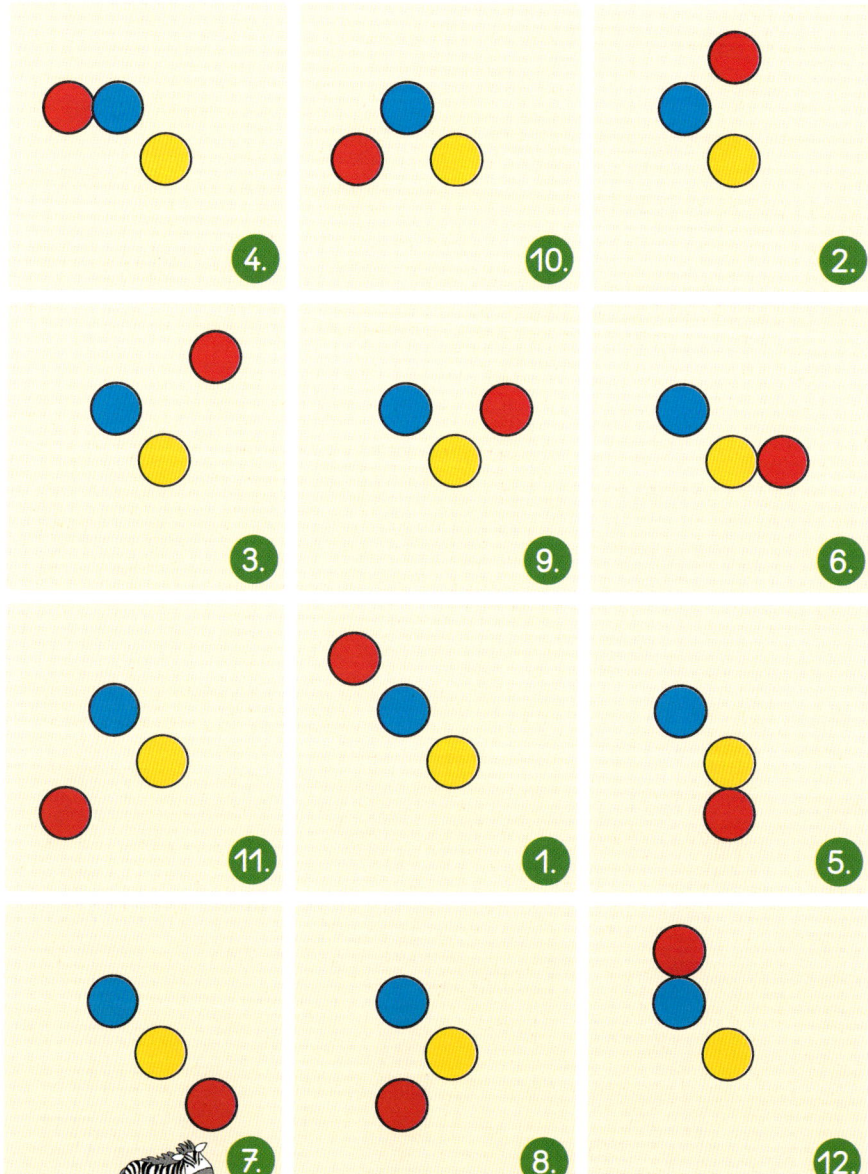

LEViSO

Bunte Kugeln

Was gehört zusammen?

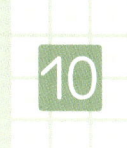

A

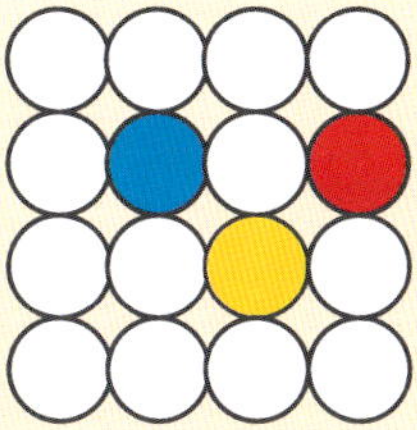

B

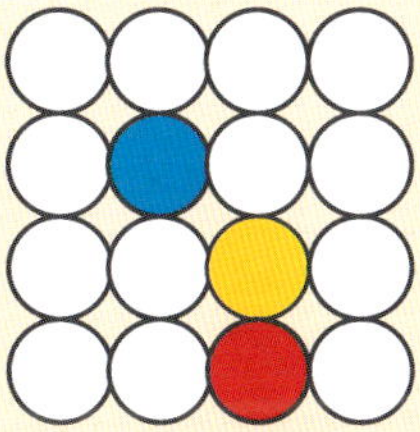

C

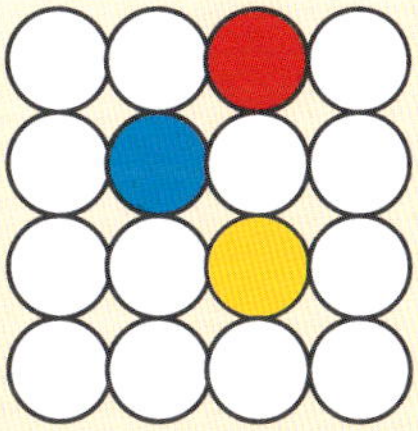

D

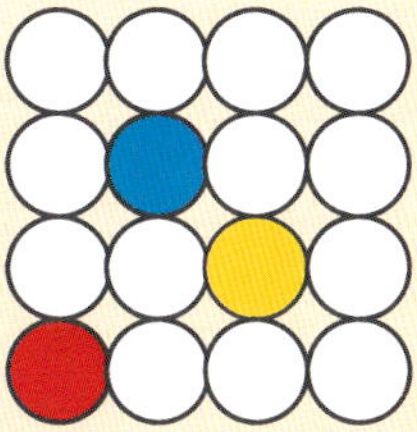

E

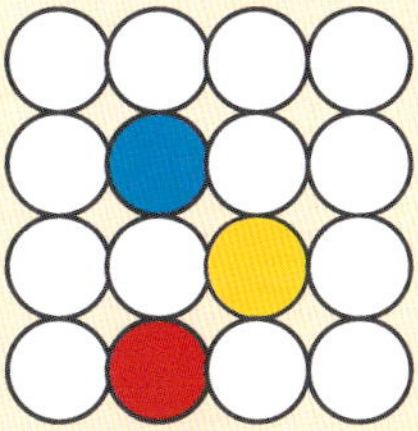

F

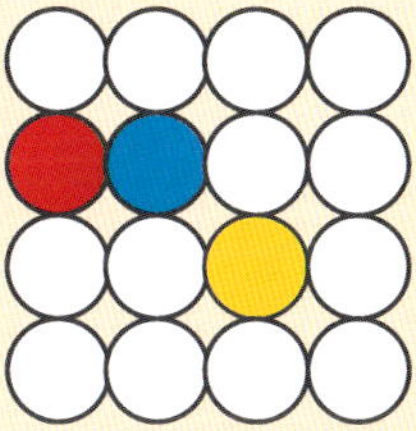

G

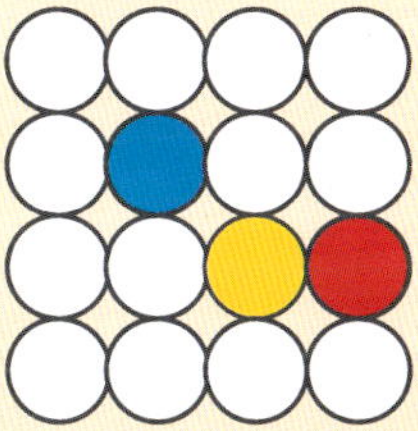

H

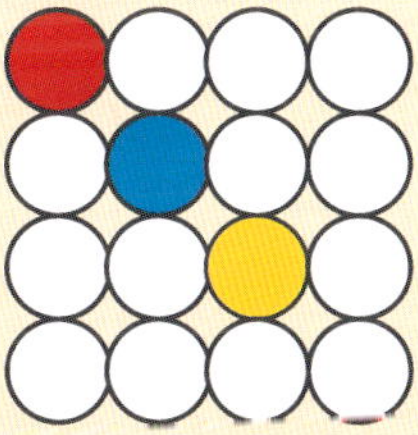

I

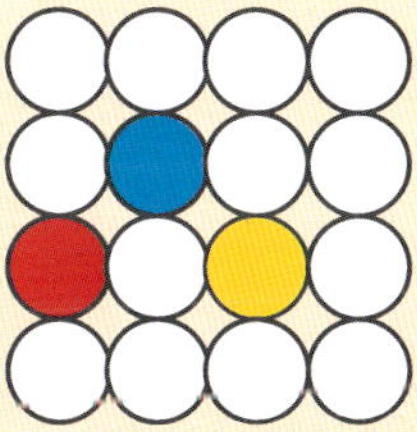

J

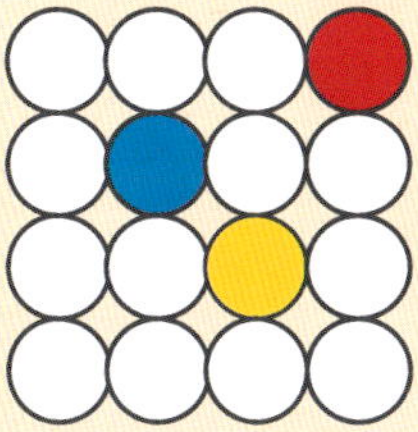

K

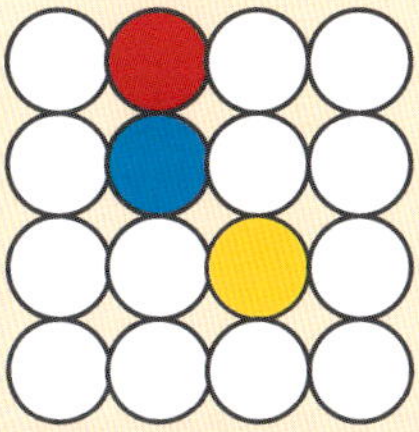

L

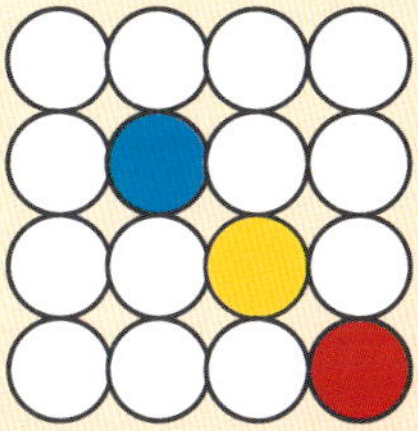

Kugeln in der gleichen Anordnung zuordnen

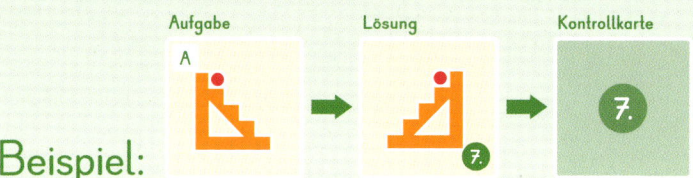
Beispiel:

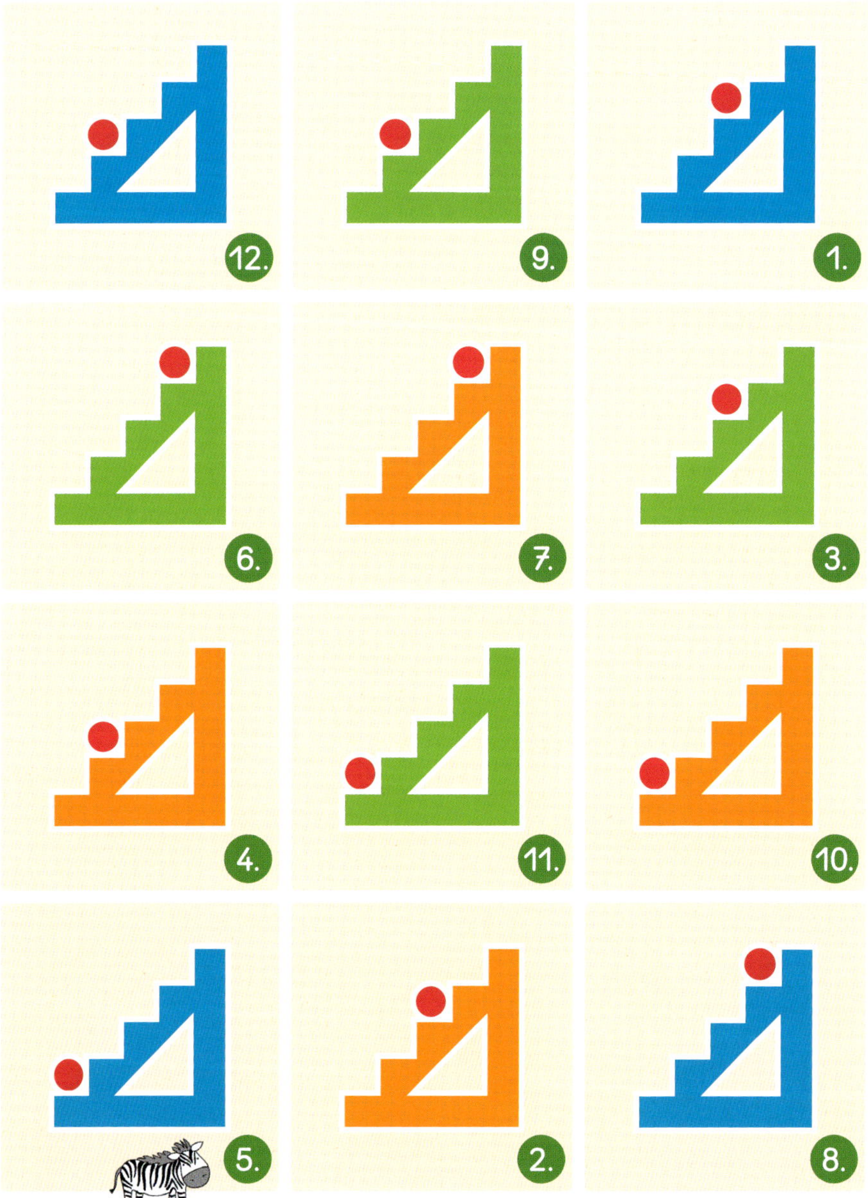

12.

9.

1.

6.

7.

3.

4.

11.

10.

LÖSUNGEN

5.

2.

8.

LEViSO

A

B

C

D

E

F

G

H

I

J

K

L

AUFGABEN

Gespiegelte Treppen zuordnen

7.

2.

5.

8.

10.

6.

1.

12.

4.

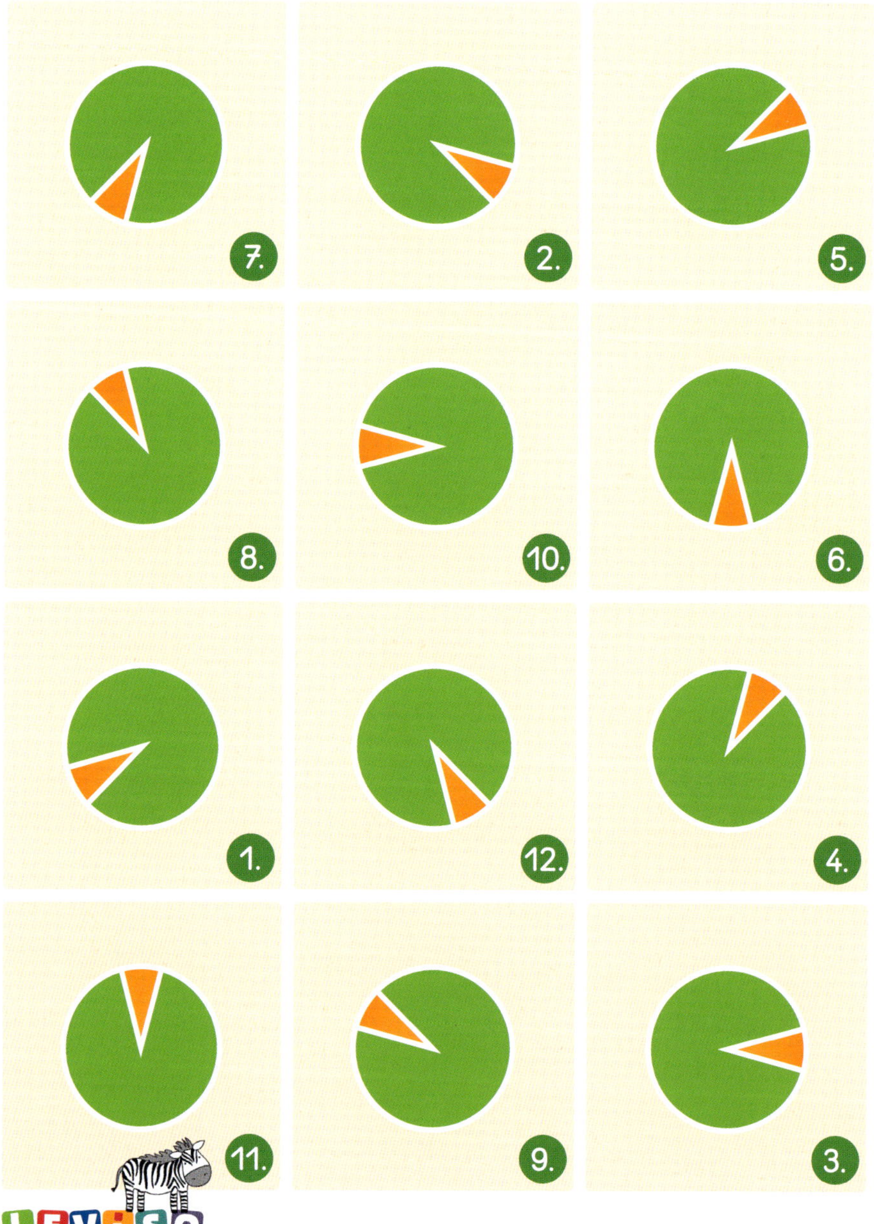

LÖSUNGEN

11.

9.

3.

leviso

Ein Stück vom Kreis

Welcher ist gleich?

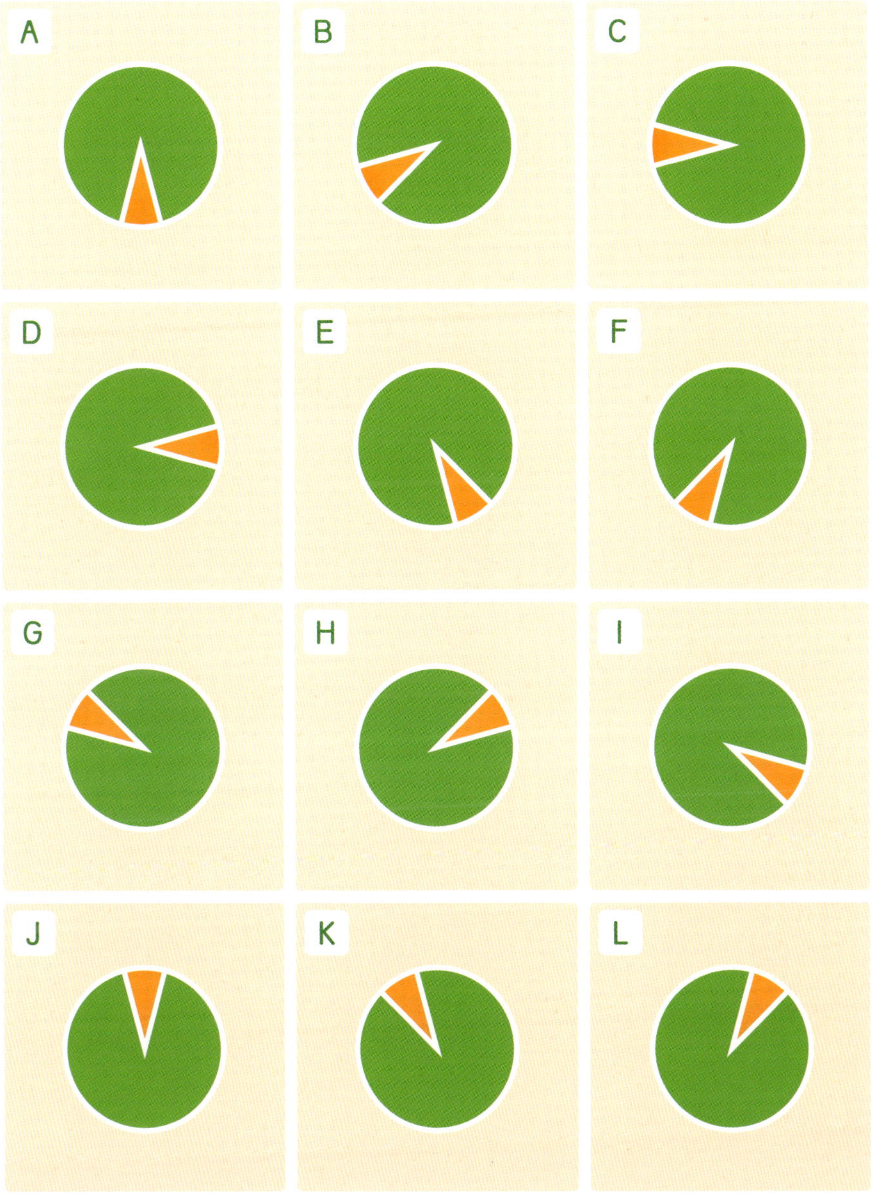

A

B

C

D

E

F

G

H

I

J

K

L

Gleiche Kreisstücke zuordnen

Lösungen

1

11.	8.	4.
6.	1.	10.
3.	12.	7.
9.	5.	2.

2

10.	6.	1.
7.	3.	12.
2.	9.	5.
4.	11.	8.

3

5.	2.	9.
8.	4.	11.
1.	10.	6.
12.	7.	3.

4

3.	12.	7.
9.	5.	2.
11.	8.	4.
6.	1.	10.

5

4.	11.	8.
10.	6.	1.
7.	3.	12.
2.	9.	5.

6

2.	9.	5.
4.	11.	8.
10.	6.	1.
7.	3.	12.

7

12.	7.	3.
5.	2.	9.
8.	4.	11.
1.	10.	6.

8

1.	10.	6.
12.	7.	3.
5.	2.	9.
8.	4.	11.

9

8.	4.	11.
1.	10.	6.
12.	7.	3.
5.	2.	9.

10

9.	5.	2.
11.	8.	4.
6.	1.	10.
3.	12.	7.

11

7.	3.	12.
2.	9.	5.
4.	11.	8.
10.	6.	1.

12

6.	1.	10.
3.	12.	7.
9.	5.	2.
11.	8.	4.

Leviso